NOUVELLES
OBSERVATIONS,
OU
MÉTHODE CERTAINE
SUR
LE TRAITEMENT
DES CORS.

Dans laquelle ſe trouvent détaillées leurs différentes cauſes, & les moyens d'une prompte & radicale guériſon, d'après les expériences faites.

Par M. ROUSSELOT, *Chirurgien.*

A LA HAYE,

& ſe trouve à Paris,

Chez P. ALEX. PRIEUR, Imprimeur du Roi, & de l'Acad. Royale de Chirurgie, rue S. Jacques, à l'Olivier.

M. DCC. LXII.

A MADAME
LA DUCHESSE
DE LAURAGUAIS,
Dame d'Atour de Madame
LA DAUPHINE.

MADAME,

VOTRE nom à la tête d'un Ouvrage ſuffit pour en relever le prix & donner du relief à son Auteur. Il s'estime heureux de ce que vous avez daigné faire usage de ses talens, & lui témoigner en être satisfaite. C'est pour lui un préjugé favorable auprès du Public. Pourrois-je en effet m'annoncer, MADAME, *sous des auspices plus favorables & plus heureux? Vous me continuez vos bontés en agréant ce témoignage du profond respect avec lequel je suis,*

MADAME,

Votre très-humble
& obéissant serviteur,
ROUSSELOT.

LETTRE
A M. J. D. M.

L'Honneur qu'on m'a fait, Monſieur, de me juger capable d'exercer avec ſuccès mes talens ſur les pieds de Madame la Dauphine & de Meſdames de France, n'eſt point une raiſon déterminante en ma faveur, lorſqu'il s'agira de donner au Public un Traité ſur la guériſon des Cors. Je craindrois même que ma réputation qui s'eſt accrue par la pratique, ne vînt à diminuer lorſqu'il s'agira de mettre la théorie en uſage. Je me raſſure néanmoins ſur les lumieres que j'ai puiſées dans les Ouvrages de célébres Médecins tels que MM. *Aſtruc* & *Winſlow*, &c. & dans les Leçons des Chirurgiens les plus renommés tels que MM. *Morand*, *La Faye*, *Pibrac* & *Moreau*, ſous les yeux deſquels j'ai travaillé avec applaudiſſement : ils ont toujours été mes guides dans la pratique ; je ne dois point appréhender de m'égarer avec eux ; je ne parlerai donc ici que d'après ces Hommes illustres tant sur la théorie, que sur les remédes auxquels j'ai recours. Je tâcherai d'être le plus clair & le plus succinct qu'il me sera possible.

Les Personnes qui voudront s'instruire pourront ainsi que moi consulter ces grands Maîtres à qui je suis redevable de ma capacité. J'ai eu quelque peine à me déterminer à traiter cette matière ; & si je me suis à la fin résolu à suivre ce parti, ce n'a été que pour remplir les vœux empressés du Public, & vous donner des témoignages de l'estime & de la considération avec laquelle je suis,

M.

Votre, &c.

NOUVELLES *OBSERVATIONS* SUR LE TRAITEMENT DES CORS.

AVANT-PROPOS.

TOUT ce qui eſt relatif à l'opération manuelle dans la guériſon des infirmités humaines, appartient de droit à la Chirurgie. Il eſt cependant une partie extrêmement négligée, je dirai même tombée dans l'aviliſſement & le diſcrédit; je parle ici de la guériſon des Cors, qu'on a totalement abandonnée aux lumières équivoques des Charlatans. Il y a ſouvent autant d'art, ce me ſemble, à guérir un cor, un porreau, une verrue, & à remédier aux accidens produits par les ongles qui pénétrent dans les chairs, qu'à traiter toute autre incommodité.

D'ailleurs tout ce qui contribue à la ſanté des hommes & à leur conſervation, ne doit-il pas toujours fixer l'attention ? Tous ceux qui ont éprouvé l'incommodité des Cors, ont été ſouvent expoſés à de fâcheux inconvéniens, qui quelquefois ont été ſuivis de la mort, faute d'avoir été traités avec tout le ſoin & toute l'habileté convenable. Il eſt donc évident que la guériſon de cette eſpéce de mal, n'eſt pas moins importante que celle des autres maladies en général, puiſqu'il eſt ſuſceptible des mêmes inconvéniens & des mêmes dangers. D'après cela, n'eſt-il pas étonnant de voir ſi peu de Chirurgiens, ou plutôt de ne point en voir qui s'attachent à cette partie de leur état ?

J'avoue que le titre de guérisseur de Cors pourroit tenir un peu de la charlatanerie ; mais cela ne provient que de l'abus qui s'est introduit d'abandonner cette partie aux Charlatans. Le préjugé disparoîtroit en la réunissant aux autres parties de la Chirurgie.

D'ailleurs, un Praticen éclairé, sûr de son fait à tous égards dans cette partie, doit-il craindre pour cela de s'avilir ? Non ; il peut au contraire être sûr de l'estime de tous ceux qui auront été guéris, ou qui pourront espérer de l'être. Cela seul doit suffire pour l'encourager & le mettre au-dessus d'un préjugé qui tombe de lui-même dès qu'il est contraire à la conservation de l'humanité.

Définition des Cors.

LE Cor, est une espéce de verrue, sa nature est presque la même. Il n'en differe que par une dureté beaucoup plus sensible, surtout lorsqu'il est pressé par quelque cause étrangere.

Le Cor, appellé en latin *Clavus*, parce qu'il ressemble à la tête d'un clou, est un durillon ou un tubercule rond. On le nomme encore *Oculi Gallinacei* * par le rapport & la conformité qu'il a avec les yeux du coq. C'est une espéce de tumeur ou de nœud rond, éminent & calleux. Quelques-uns l'appellent encore *Cornua pedum*, corne des pieds, mais à tort; car suivant *Col de Villars*, to. 2. p. 369. « les cornes, » *Cornua* en latin, sont des éminen» ces ou des élévations longues,

* Voyez *Col de Villars*, tom. 2. p. 366.

» dures, rondes & pointues, qui » viennent au bout des doigts des » mains & des pieds, & dont la » substance imite celle des ongles. » Ce qui differe totalement du Cor.

La racine du Cor est très-dure & très-séche. Elle est quelquefois si profonde, qu'elle pénétre jusqu'au tendon & jusqu'au périoste.

Le siége du Cor est principalement sur les phalanges des doigts du pied; celui du durillon, sur ses parties latérales & même sous la plante du pied. Le Cor n'est occasionné que par la compression d'un soulier trop étroit ou trop court. Il vient aux mains par le travail & le fréquent maniment des corps durs & solides.

Le Cor de sa nature est insensible lorsqu'il est parvenu à un certain degré de dureté; la preuve en résulte de la quantité qu'on en peut ôter avec l'instrument tranchant sans lui causer la moindre douleur; mais les parties voisines éprouvent une ſenſation douloureuſe très-caractériſée, parce qu'il s'attache par des racines à celles qui ſont douées d'un ſentiment vif; & lorſqu'il ſe trouve comprimé, il les bleſſe, les enflamme; & ces premiers accidens ſont ſouvent ſuivis de plus grands, tels que la ſuppuration, la pourriture; mais le Cor par lui-même n'eſt ſujet à aucun de ces changemens.

Cauſes du Cor.

J'Ai dit que la cauſe du Cor étoit la même que celle de la verrue. Suivant quelques anciens Auteurs, il provient de l'épaiſſiſſement des liqueurs; mais l'opinion la plus commune attribue ſa cauſe à une humeur ſébacée de la peau, qui, deſſéchée par la compreſſion, forme la ſubſtance du Cor. Cette compreſſion conſtante arrête la circulation des humeurs & les deſſéche, ainſi que les houpes nerveuſes de la peau.

Ceux qui en ont lû la description dans l'Exposition Anatomique de M. *Winslow*, conviendront sans peine de la solidité de ce que j'avance. Selon lui, » la peau est un tissu » fort étendu, composé de plusieurs » fibres tendineuses, nerveuses & » vasculaires, dont l'entrelacement » est d'autant plus merveilleux, qu'il » est plus difficile à déveloper, étant » fait en tout sens comme l'étoffe » d'un chapeau; la surface extérieu- » re de ce tissu, se termine à une » infinité de petites éminences ap- » pellées mamelons, auxquels les » filets capillaires des nerfs cutanés » viennent aboutir en forme de pe- » tits pinceaux organisés.

» Ces mamelons different beau- » coup entr'eux en figure & en ar- » rangement sur les différentes par- » ties du corps humain, ceux de » la paume de la main, de la plan- » te des pieds, & de toute l'éten- » due voisine des doigts ont plus » de longueur qu'ailleurs; mais ils

» sont plus menus, plus étroite-
» ment collés ensemble, & comme
» posés debout, les uns dessus les
» autres, par des rangées particu-
» lieres qui forment toutes sortes
» de lignes sur la peau *

Ce sont ces mêmes mamelons, qui après avoir été violemment & constamment comprimés se dessé-chent & forment ces substances dures qu'on appelle Cors ; parce qu'alors la circulation ne se faisant plus dans ces parties, elles ne reçoivent plus leur nourriture ordinaire, elles durcissent & se raccornissent.

Pour mieux déveloper ce sentiment, il faut observer,

---

* *Nota.* Ces lignes qui paroissent sur la surface de la peau des mains, ne sont autre chose, selon moi, que les plis figuratifs & imitatifs des mouvemens que forme la main ; ou pour mieux dire, ces lignes ne proviennent que de la compression de la peau lorsque la main se plie & se replie : & cette compression fréquemment réitérée, laisse sur la peau l'empreinte des plis que nous y voyons.

1°. Que les personnes qui marchent nuds pieds, ne sont jamais attaquées de Cors. Les Sauvages & les gens de campagne en sont preuve. * On l'a principalement observé dans les Religieux Déchaussés qui ne sont point sujets aux Cors proprement dits, mais à certains durillons occasionnés par l'étrécissement de la semelle de leur chaussure.

2°. Qu'il n'y a guères que ceux qui portent des souliers trop courts ou trop étroits, qui y soient sujets, ou ceux qui se servent de chaussons trop longs, trop larges, & dont la couture grossière contribue à gêner le pied par les plis ou godets qu'elles forment.

3°. Qu'on ne voit point aux mains des Cors proprement dits, quoiqu'elles ayent la même conformation que les pieds, à moins qu'on ne regarde comme des Cors cer-

---

* V. Dionis, *Oper. de Chirurg.* p. 652.

tains durillons devenus verrues douloureuſes & incommodes, qui naiſſent aux endroits qui fatiguent davantage étant plus comprimés que d'autres.

Il ne faut donc point s'imaginer que pour guérir un Cor, il ſoit néceſſaire de préparer la perſonne ſouffrante & diviſer la maſſe du ſang. A la vérité, s'il y avoit un levain ſcorbutique, ſcrophuleux, vénérien, &c. On ne penſeroit pas à le combattre dans la ſeule vue de détruire un Cor, mais bien de guérir le mal principal, ſans s'arrêter à la douleur occaſionnée par le Cor.

Diviſion du Cor.

On diviſe le Cor en Cor cutané & en Cor profond.

Les cutanés ſont ſuperficiels & cauſés par une légere compreſſion.

Les profonds ont pour cauſe une compreſſion plus forte & continuelle.

Les premiers ne pénétrent pas avant dans la peau. Ils occasionnent seulement un gonflement dans la partie affligée, avec inflammation sur la superficie de la peau.

Les seconds au contraire, s'étendent quelquefois jusqu'au tendon & au périoste, comme nous l'avons dit précédemment. On y remarque des figures de racines ; c'est pour cette raison qu'ils causent des douleurs plus vives que les cutanés, qui ne compriment la peau que légérement.

Au reste, ces deux espéces de Cors se placent aux différentes parties du pied, tant aux articulations ou phalanges des doigts, qu'à leurs parties latérales. Tantôt à la plante des pieds ou sous les ongles, suivant le plus ou le moins de compression qu'ils éprouvent, par le peu d'attention qu'on apporte à la maniere de chausser le soulier.

Il est aisé de reconnoître & de distinguer ces deux espéces. Les cutanés ſont ceux que l'on peut pincer en entier, & qui s'écaillent; ceux au contraire qui ſemblent tenir à un pédicule & entourés d'une eſpéce de bourrelet, doivent être réputés profonds.

Le Cor s'éléve peu-à-peu, augmente & végéte par un déſſéchement des petits mamelons de la peau, qui forme une eſpéce de tête de cloud.

Il y a lieu de préſumer que la baſe de la houpe nerveuſe croît inſenſiblement, & qu'en ſe gonflant elle chaſſe la partie inférieure.

Il eſt très-facile d'emporter la ſuperficie du Cor; mais il faut en revenir ſans ceſſe à la même opération, juſqu'à ce qu'il ſoit entierement détruit, parce qu'il repouſſe toujours tant que la cauſe ſubſiſte.

On peut eſpérer de guérir un Cor cutané dès la premiere opération; mais la guériſon radicale d'un Cor profond eſt ſouvent fort difficile. Je poſſéde cependant un remède certain qui guérit parfaitement le Cor de quelque eſpéce qu'il ſoit, étant bien préparé & bien coupé.

Le Cor excite ſouvent de vives douleurs, principalement s'il eſt preſſé. C'eſt cependant une maladie légére en apparence, mais qui peut être ſuivie d'accidens conſidérables, parce qu'elle eſt voiſine des membranes & des parties nerveuſes.

Il faut la traiter doucement, & prendre garde de ne rien irriter; autrement on pourroit cauſer de grandes douleurs & une inflammation conſidérable, qui produiroit la mortification & la gangréne, principalement aux perſonnes avancées en âge, dont les extrémités ſont plus foibles & plus débiles : aux gouteux, aux pituiteux, aux mélancoliques, à ceux qui ont le ſang vicié.

On aura donc l'attention de ne point couper un Cor trop près. On uſe quelquefois de cauſtiques, ou l'on brûle le Cor avec du ſoufre &

avec de l'huile de vitriol, remèdes violens, incertains, & qui peuvent même attaquer le genre nerveux par leur ſubtilité, ſi la racine du Cor pénétre juſqu'aux nerfs

On convient que la douleur peut impatienter un malade, & qu'il eſt naturellement diſpoſé à bruſquer le mal pour en être plus promptement délivré. Mais en faiſant attention qu'il ne court aucun riſque de livrer ſes pieds à un Chirurgien, qui ſe défie toujours des remèdes violens; n'eſt-il pas évident que le malade ſe porteroit préjudice à lui-même s'il paſſoit outre, & qu'il ne pourroit attribuer qu'à lui ſeul le mal qu'il éprouveroit, & le danger vers lequel il ſe précipiteroit? Au contraire, en prenant patience le mal diminue en faiſant couper légérement le Cor de fois à autre.

On ſçait que le froid & l'humidité font gonfler les Corps, l'humidité en dilatant les pores, & le froid en les reſſerrant, ce qui dans l'un &

l'autre cas produit une égale compression, & font également resserrer les fibres de la peau. Les cordes d'un violon exposées à l'humidité se tendent, il en est de même du Cor, la circulation ne se fait plus alors qu'avec peine, & la petite inflammation qui en résulte, cause la douleur; *ce qui*, suivant Dionis, * *fait dire que tous ceux qui en sont incommodés, ont un Almanach aux pieds, qui leur annonce le changement de tems.*

Ordinairement l'inflammation du Cor se termine par la résolution, quelquefois cependant elle se tourne en suppuration; alors il se forme un petit abscès autour du Cor dont la plus grande partie se détruit, mais la partie dure, calleuse ne tombe jamais en suppuration, elle se détache seulement parcequ'elle n'est plus liée ni entretenue par la racine & par les parties voisines.

---

* Dionis, *Opér. de Chir.* p. 656.

Cure.

On peut diſtinguer la cure du Cor en palliative & en radicale.

La premiere conſiſte à diminuer les ſymptômes & la douleur, lorſqu'on ne peut abſolument détruire le mal dans ſon principe, à cauſe de la ſenſibilité du malade.

Les perſonnes attaquées du Cor, doivent toujours à mon avis préférer cette cure à l'autre, pour éviter de plus grands maux que la maladreſſe ou l'imprudence d'un ignorant pourroit occaſionner, voici conſéquemment ce que je penſe qu'on peut faire.

1°. Baigner les pieds dans l'eau tiéde ſimple, ou dans un bain fait avec du ſon, des feuilles & racines de Guimauve, de la Pariétaire, de la Mercuriale, du Seneçon & d'autres plantes émollientes.

2°. Laisser les pieds dans cette décoction l'espace d'une demi-heure, ou de trois quarts-d'heure; si on veut lui donner de l'odeur, on peut y joindre des aromates doux, tels que les fleurs de roses, de jasmin, de muguet, de giroflée & d'œillet, que l'on y fera infuser.

3°. Les Dames doivent s'abstenir de ces bains, lorsqu'elles sont grosses, ou dans des momens critiques. Il y a d'autres circonstances dans lesquelles on ne doit pas les prendre, & qui nous engageroient dans un détail trop long, les malades s'en rapporteront dans ces cas aux personnes en état de les conseiller.

L'avantage de ces décoctions, ou demi bains, est d'amollir la premiere couche des Cors qui se lévent aisément alors par le moyen d'un instrument tranchant; après avoir enlevé la superficie des Cors, on tond toutes les parties qui d'ébordent, si l'on a soin de réitérer cette opération tous les mois, on recevra beaucoup de ſoulagement, & l'on préviendra toutes les ſenſations douloureuſes occaſionnées par le Cor.

Après cette opération, il faut mettre en uſage comme un reméde capable de prévenir le mal, la ſage précaution de porter des chauſſures larges ſans pâtons, & faites d'une matiére douce & ſouple, telle que le maroquin, le caſtor, & la peau de chévre.

Le nommé Dupuis Maître Cordonnier, rue ſaint Roch, vis-à-vis la Communauté des Prêtres, a ſeul le talent de faire pour hommes les chauſſures que j'indique, ainſi que des guêtres pour ſe garantir de la boüë en hyver, & de la pouſſiére en été, de la piquûre des inſectes, dont perſonne n'ignore l'incommodité de ces animaux par les boutons, & démangaiſon qu'elle occaſionne; elles ſont donc propres pour aller à la chaſſe, & pour la promenade du matin, & du ſoir. Il débite une liqueur pour lustrer cette chaussure sans l'engraisser, ce qui conserve proprement les bas de quelques couleurs qu'ils soient.

Comme beaucoup de Dames se plaignent de leurs Cordonniers, j'ai pris le soin d'en choisir un, qui fît attention à la délicatesse du pied des Dames, & qui en conséquence formât une chaussure aisée; le nommé Simonin Maître Cordonnier pour femme, demeurant rue de Seine fauxbourg saint Germain, vis-à-vis le marchand de Vin, à l'enseigne de la Magdelaine, chez le Perruquier au premier, posséde ce talent sur tous ses Confreres.

Il est vrai que malgré cette attention, les Cors sont quelquefois encore douloureux, alors on pourra avoir recours aux topiques; les plus simples sont les meilleurs, parce qu'il n'en peut résulter aucun accident.

On recommande fort d'employer les feuilles de Lierre, la Joubarbe

&c. ainſi que la pellicule qui vient ſur l'empoix que vendent les Chandelliers.

Les remédes ſuivans ſont auſſi d'une grande efficacité.

Un morceau de Veau trempé dans le vinaigre.

Le *Galbanum*, &

La gomme Ammoniaque, à égale quantité.

L'agaric de Chêne.

L'emplâtre *Divigo*, avec ou ſans le Mercure.

La Vermiculaire, plante qui croît dans les terrains pierreux & arides, la bien piller & l'appliquer ſur le Cor.

On ſe ſert encore de l'eſprit de Vitriol poſé avec prudence, ainſi que de l'huile du même nom. Pluſieurs employent ces cauſtiques ſans connoiſſance, ni attention, d'où il réſulte des accidens très-fâcheux, tels que l'inflammation, la gangréne, l'érèſipèle, & même quelquefois la mort.

Les pommades faites avec le vitriol bleu, & le ſain-doux, la cire verte ſeule, peuvent encore s'appliquer; ſouvent par l'uſage de ces remédes, on enléve les Cors cutanés, mais jamais les profonds.

Lorſque l'application de ces remédes cauſtiques a produit une exulcération, le reſte de la cure ſe fait comme dans les autres ulcéres; on ne ſçauroit trop ſe défier des emplâtres & onguens, que débitent les Charlatans pour la guériſon des Cors; parce que dans leurs préparations, il entre toujours quelques forts eſcarotiques.

Nombre de perſonnes coupent les Cors avec les ongles à meſure qu'ils croiſſent, mais il eſt toujours plus à propos de les faire couper par un Chirurgien adroit; car lorſque le Cor eſt ſur les jointures d'un des doigts, en le coupant trop avant on pourroit endommager les membranes qui recouvrent le tendon extenſeur du doigt, ce qui produiroit des accidens très-fâcheux.

La méthode que nous ſuivons eſt en même tems plus heureuſe & plus ſûre, parce qu'elle ne s'éloigne point des principes de l'art.

Les perſonnes qui mettent leur confiance en nous, nous rendent cette juſtice ; nous examinons la tumeur & la nature du Cor, ſon état & ſa ſituation, nous jugeons s'il faut à l'inſtant appliquer le remède curatif, ou s'il eſt plus à propos d'attendre que la ſubſtance calleuſe ſoit amollie ; nous enlevons le Cor ſans la moindre douleur, & ſans expoſer le malade à aucun danger, après quoi nous faiſons uſage du reméde efficace dont nous avons parlé précédemment, & qui produit infailliblement la guériſon ; en un mot, nous ne croyons pouvoir prendre trop de précaution pour mériter la confiance dont on veut bien nous honorer.

Des Verrues en général.

SAns m'étendre ſur l'incommodité des Verrues, je me contenterai d'en détailler ici les diverſes eſpéces, car elles ſont diſtinguées entr'elles, ont différentes cauſes & produiſent différens effets. Les modernes ne s'accordent point avec les anciens ſur leur nom, leur nature & leur cauſe.

Les Verrues, en latin *Verrucæ*, ſont en général de petites excroiſſances de chair dures, indolentes, & ne changent point de couleur. Le mot en lui-même ſignifie *faîte* ou *ſommet*, parce que les Verrues forment une élévation ſur la peau.

On en diſtingue différentes eſpéces; il y en a de rondes, de plattes & de pendantes, elles viennent plus ordinairement aux mains qu'aux pieds.

Les rondes qui ſont les plus ordinaires, ont la tête semblable à celle d'un petit porreau, & tiennent à la peau par de petits filets qui imitent les fibres des racines de la Plante, dont elles portent le nom.

Les plattes ont une base large mais peu élevée, on les nomme en latin *Verrucæ*, *sessiles*, Verrues basses, ou *Verrucæ formicariæ*, Verrues de Fourmi, parce qu'en les coupant, on éprouve une douleur semblable aux piqûres que feroient plusieurs de ces insectes.

Les pendantes sont plus élevées sur la peau, leur base est étroite, leur tête ronde & oblongue; comme elles n'ont pour soutient qu'une ou quelquefois deux petites pellicules, on les nomme Verrues pendantes, *Verrucæ pensiles*; d'autres leur donnent encore le nom d'*Acrochordon*, parce qu'elles ressemblent à un bout de corde coupé. Quelques-uns mettent aussi au rang des Verrues le Fic, le *Marisca*, les Crêtes,

Crêtes, le *Thymus*, & autres espéces de condilômes.

Le *Fic*, en latin *Ficus*, est une espéce de condilôme ou excroissance charnue ; c'est une petite tumeur indolente, ronde, pendante à-peu-près comme une figue dont elle prend le nom ; sa substance interne est composée de petits grains qui ressemblent à la chair de ce fruit.

Le Fic vient aux yeux, aux paupiéres, au menton, à la langue, au fondement, & aux parties naturelles de l'un & de l'autre sexe. Il est souvent rougeâtre, & même quelquefois dur & squirreux : il surpasse la verrue en grosseur, on en a vu qui égaloient des œufs de Pigeon ; il est souvent douloureux & fort incommode, suivant la partie qu'il occupe ; quelquefois il tombe en ulcération, & s'ouvre en maniére de grenade, ceux du fondement, des parties naturelles, procédent & sont souvent les suites d'un vice Vénérien.

Le *Marisca*, eſt une petite excroiſſance de chair molle, fongueuſe, indolente, il ne différe preſqu'en rien du Fic ; les parties qu'il occupe, ſont ordinairement le périnée, le fondement, la partie interne des cuiſſes, & la partie ſupérieure des femmes ; ſouvent il eſt produit par le même virus que le Fic.

Nous ne parlerons point des Crêtes, ce ſeroit répéter preſque les mêmes effets, & les mêmes cauſes.

Le *Thymus*, eſt une eſpèce de groſſe verrue rougeâtre ou blanchâtre, ordinairement indolente, elle a des aſpérités des tugoſités, & des crevaſſes, ſemblables à la tête du Thym d'où elle tire ſon nom. Mais le mot latin *Thymus* eſt plus en uſage ; elle vient pour l'ordinaire à la paume de la main, à la plante du pied, aux talons, aux jambes, & quelquefois aux parties naturelles. Elles ſe trouvent ſouvent ſeules ou pluſieurs enſemble.

On en diſtingue deux eſpéces,

l'une appellée *Thymion*, dont la baze est étroite comme celle de l'*Acorchordon*, & le sommet rouge comme la fleur du thym ; l'autre conserve le nom de *Thymus*. Ces distinctions sont peu nécessaires : ces tumeurs croissent en différentes grosseurs. Leurs causes sont différentes suivant les parties qu'elles occupent.

Condilôme, en grec *Condiloma*, est en général une excroissance charnue qui vient aux doigts des mains & des pieds & autres parties du corps. Le Condilôme differe suivant les parties qu'il occupe ; semblable en cela aux verrues au fic, au marisca, au thymus & aux crêtes.

Suivant *Vigier*, on peut différencier les verrues ; on les appelle *Bothorales* ou tubercules, tumeur contre nature qui s'éléve par une cause interne ou particuliere ; elle est quelquefois médiocre, & quelquefois plus considérable que les pustules qui naissent aux glandes, les enflamment, & tendent à la suppuration.

Fernel met au rang des tubercules le charbon, le furoncle. *Tubercule* est un diminutif de *Tuber*, truffe ou grosseur ; c'est une tumeur qui souvent enlumine le visage & particulierement le nez bourgeonné des suppôts de Bacchus. La cause qui produit ces différentes excroissances part d'une humeur lente, crasse & flegmatique.

Voici les différens remédes qu'on peut mettre en usage pour la cure de ces différentes tumeurs.

Pour celles qui viennent au nez principalement, il faut examiner si elles ne sont point dures, insensibles, de couleur noirâtre & environnées de veines variqueuses, ce qui tient alors du *Noli me tangere.* Il ne faut y toucher dans ce cas qu'avec le dernier examen. Quelques-uns y appliquent le cautère potentiel ou actuel. Mais si la tumeur est laxe, molle & blanchâtre, on la peut extirper sans danger & employer les remédes dessicatifs suivans.

REMÈDES.

℞. De la poudre de plomb, broyée avec de l'eau de solanum, de la rutie, de l'antimoine préparé, de chacun un demi gros; de la pierre calamite bien pulvérisée, un gros : mélanger le tout avec de l'huile d'œuf & l'huile rosat, de chacun une once, y ajouter la cire vierge fondüe autant qu'il est nécessaire pour en former une pommade molle, broyer le tout dans un mortier de plomb. La pommade faite, on en applique sur la plaie & ulcères : lorsque les bords gagnent le grand *contus* de l'œil, il faut mettre dessus de l'alun & du sel calcinés ensemble, avec un peu de poudre de noix de gale : cette poudre doit être appliquée sur les bords calleux de la plaie.

Le *Stergyon* est une excroissance

qui vient à l'extrémité des ongles & succéde souvent au panaris ; il croît sur-tout lorsque les ongles entrant dans la chair ont excessivement blessé la partie, d'où il part pour l'ordinaire une excroissance difficile à résoudre, qui ne peut se consumer que par les doux escarotiques & souvent par l'amputation, dont l'opération, quoique plus douloureuse, est beaucoup plus sûre & beaucoup moins longue.

Autres Remédes employés pour les Verrues.

Appliquer le suc d'*Alleluia* ou *Trifolium acetosum*, qui croît dans les hautes forêts & lieux ombragés.

L'onguent fait de suif & de fiente de mouton appliqué chaud & réitéré souvent, détruit les verrues & les tumeurs cutanées.

Le suc de chelydoine est encore bon ; mais c'est un reméde lent. Quelques-uns en ont guéri en appliquant de l'urine d'un chien roux avec du coton. L'encens ou oliban, dissout dans du vinaigre, mêlé en portion égale avec de la poix noire, & mis en emplâtre, guérit également que l'herbe aux Verrues, en latin *Verrucaria seu herba cancri.* Il en croît de deux espéces, la grande & la petite. Toutes deux naissent dans les champs, le long des chemins & dans les lieux incultes & sablonneux. La grande pilée & mise sur les Verrues les guérit, même en frottant un peu fort avec l'herbe seulement.

Ethmuler dit avoir fait usage de *l'Usnée*; c'est une mousse verdâtre qui croît sur le crâne d'hommes ou de femmes, morts de mort violente & exposés à l'air : en appliquant cette mousse sur la Verrue, elle se guérit en peu de tems.

L'huile de tartre par défaillance appliquée fréquemment, guérit les Verrues. Cette expérience m'a réussi plusieurs fois, ayant eu le soin de couper légérement l'éminence de la Verrue avant d'appliquer le reméde.

La Joubarbe, en latin *Hedum sive semper vivum majus*, sert aussi; il en faut prendre les feuilles, ôter une pellicule qui couvre la surface; en l'appliquant sur la Verrue, elle se guérit avec le tems. On attribue la même propriété aux feuilles de Pourpier sauvage.

On prend encore une quantité de Limaces rouges des bois, qu'on éventre & qu'on lave avec de l'eau rose, en y joignant autant pésant de sel commun. Il faut exposer le tout à la cave dans un sac de toile, recevoir dans un vase la liqueur qui en découle, & en imbiber souvent la Verrue; par ce moyen elle se désséche, & se guérit indubitablement après avoir réitéré plusieurs jours de suite.

Les Maréchaux ferrans guérissent les Verrues ou Durillons qui leur viennent aux mains par le fréquent manîment du fer & des outils, en frottant le cal avec du ſang de mulet ; ou bien ils prennent une coënne de lard dont ils ſe frottent, & qu'ils laiſſent appliquée ſur le mal juſqu'à ce qu'elle s'échauffe.

Les décoctions de Pommes de Pin ſont excellentes pour appaiſer les douleurs des Verrues inflammatoires. La cendre de l'écorce de Saule mêlée avec de fort vinaigre, eſt bonne aux Verrues & même aux Cors. Les fleurs de Souffre & de Benjoin en fumigation, ôtent les rouſſeurs du viſage; & en infuſion avec de l'Eſprit-de-Vin, convient fort aux Verrues du viſage.

Il y a encore d'autres remèdes pour les Cors & Verrues, tirés des Praticiens anciens & modernes.

Ces mêmes Auteurs mettent les Cors, Verrues & Durillons au nombres de Tumeurs contre nature. Les Verrues, ſelon eux, ſont des puſtules dures & rondes, qui naiſſent ſur la ſuperficie du corps. On les nomme porreaux ou cloux; elles prennent ce nom, parce que n'étant point découpées, elles ont la tête & la racine ſemblables à un cloud. D'autres ont une ſubſtance pareille à la corne, & pour cette raiſon ils les nomment Cors, ce ſont certaines excroiſſances épaiſſes, qui par leur dureté approchent de la nature de l'ongle. Elles viennent près des jointures, & le plus ſouvent ſur les jointures mêmes, & aux extrémités de doigts, ſuivant la maniere dont on chauſſe le ſoulier, comme je l'ai dit plus haut.

Galien & *Avicenne* prétendent que les *Acrochordon* & les *Alphos* doivent être mis au nombre des maladies cutanées. Les *Alphos* ſont certaines taches qui viennent ſur la peau; on en diſtingue trois eſpéces; ſçavoir, les *Alphos* proprement dit, le *Mélas* & la *Leuvée*.

Les *Alphos* proprement dit, ſont des taches multipliées ſur la ſuperficie de la peau & diſtinguées comme des goutes rouſſâtres. Le *Mélas* eſt noirâtre & de couleur de terre d'ombre, il eſt à peu près ſemblable à *l'Alphos*. La *Leuvée* eſt preſque de même nature, mais plus blanchâtre & plus profonde. Ces taches changent de blanc en noir, & de noir en rouge clair, ce qu'on remarque aſſez ordinairement dans la premiere groſſeſſe des femmes, & principalement des brunes.

La cauſe de ces maladies procéde ſouvent d'une agitation contre nature, excitée par la violence de quelque paſſion interne; elle a ordinairement pour matiére une humeur bilieuſe, groſſiére mélancolique & flegmatique, qui produit les mêmes effets que les paſſions violentes d'une femme enceinte.

Beaucoup de perſonnes croyent que la multiplication des Verrues eſt cauſée par l'effuſion du ſang des autres Verrues, qui ſe répand ſur les parties voiſines, lorſqu'on les fait ſaigner : mais ſuivant l'avis de quelques commentateurs, la cauſe efficiente procéde de l'expulsion d'un humeur grossiere, mélancolique flegmatique & salie, qui se fixe sur la partie où l'attention de la personne est le plus occupée.

Il y a trois observations à faire sur le traitement de ces incommodités.

1°. Purgez la matiere morbifique en faisant un usage réitéré d'une infusion d'épithime & d'agaric.

2°. Empêcher leur génération par un régime convenable & la fuite des passions violentes.

3°. Les extirper, ou appliquer des remédes extérieurs avec le secours de la chirurgie.

L'avis de *Rhazis* est de frotter les Verrues & les taches de la peau avec les feuilles de caprier ou avec des carrobes humides; ou de les ramollir avec de l'eau tiéde, & appliquer dessus un morceau de scille.

Le même Auteur vante comme un remède efficace un cataplasme fait avec la fiente de chévre, du vinaigre, du sel, & du seneçon pilé lés ensemble & appliqué dessus.

Janiere, ancien Chirurgien, conseille de les consumer avec du vieux levain de seigle délayé dans du lait de figuier ou de thytimale.

Galien dit les avoir détruit en prenant une forte plume de cocq ouverte par les deux bouts; on la pose sur la Verrue, on la tourne de différentes façons, en laissant couler le long du tuyau une goute d'eau forte, ou d'huile de vitriol, ce qui les consomme par degré, en réitérant plusieurs fois l'opération qu'il conseille également pour la guérison des Cors.

Avis sur les Ongles.

On ne doit point avoir moins de soin des Ongles des pieds que l'on en a de ceux des mains.

Si les Ongles des pieds sont souvent mal construits, on ne doit en attribuer la faute qu'au peu de soin qu'on apporte à leur conservation.

Il n'eſt pas hors de propos d'entrer dans un détail plus circonſtancié quant à cette partie du corps qui fait également l'ornement d'une belle main, & qui donne une certaine ſolidité tant aux pieds qu'aux mains.

L'Auteur ſe propoſe de diſtribuer une éponge préparée & abreuvée d'une liqueur onctueuſe & d'agréable odeur, très-convenable pour détruire la ſur-peau qui couvre en partie la ſurface des Ongles des mains, & dont les bords charnus ſe deſſéchent & forment des pellicules nommées vulgairement des envies. Cette éponge qui maintiendra l'Ongle poli & propre ſans aucunes taches, ſera renfermée dans une petite boëte ovale très-facile à porter pour s'en ſervir. Elle s'ouvrira par le milieu, & l'on en frottera les ongles le ſoir & le matin, même pluſieurs fois dans la journée. Son uſage & ſes utilités en feront déſirer la poſſeſſion.

Les Ongles ſont des corps durs d'une figure ovale ſitués à l'extrémité des doigts; leur ſubſtance eſt abſolument ſemblable à la corne; elle eſt composée de pluſieurs fibres longitudinales, courbées & comme ſoudées enſemble.

L'Ongle figure une eſpece de carton fait de pluſieurs feuilles de papier collées les unes ſur les autres; enſorte que les premieres couches extérieures des fibres de l'Ongle ſont les plus longues, & les intérieures diminuent à meſure par degré; tellement que depuis ſon union avec l'épiderme ou l'Ongle eſt plus mince, il augmente en épaiſſeur juſqu'au bout des doigts où il eſt plus épais.

Les racines de toutes ces fibres ſont creuſes, pour recevoir une égale quantité de mamelons; ces mamelons ſont une continuation de la vraie peau, laquelle étant parvenue à la racine de l'Ongle, forme un repli ſémi-lunaire dans lequel la racine de l'Ongle ſe trouve enchâſſée.

Les Ongles, des pieds ſur-tout, ſont expoſés à nombre d'accidens très-fâcheux; on en diſtingue pluſieur ſortes.

1°. *Sugillatio, Sanguis mortuus*, ou *Morſus Diaboli*. C'eſt une eſpéce de tache noire qui paroît ſous l'Ongle, occaſionnée par une contuſion ou meurtriſſure; lorſque par exemple, quelqu'un vient accidentellement à nous marcher ſur le gros doigt du pied; pour peu que la compreſſion ſoit forte, le ſang s'extravaſe deſſous l'Ongle; ce qui ſouvent le fait tomber en pourriture & engendre un ulcère, faute de trouver jour à pouvoir s'évacuer. L'Ongle ſe bombe alors néceſſairement, ou ſe léve, ou force les deux angles à ſe replier & recoquiller en forme de limaçon. Cette partie devient alors incommode & difforme à tel point, qu'on ne peut ſupporter la chauſſure la plus douce; ſouvent même il en réſulte un ulcère, & la plûpart du tems des excroiſſances de chair baveuſes très-difficiles à réſoudre.

2°. *Leproſi ſcabros ungues habentes*, c'eſt lorſque les Ongles ſe ſont recoquillés, comme nous venons de le dire. *Avicenne* les nomme *borax & lepram patientes*; c'eſt alors qu'il ſemble qu'un nombre infini d'épingles vous piquent, ce qui cauſe la douleur la plus ſenſible & la moins ſupportable.

Cet inconvénient provient ſouvent des chauſſures trop courtes, ou de la maniere de ſe chauſſer, à quoi l'on doit faire beaucoup d'attention, & ſur-tout les perſonnes qui ſont dans l'habitude de porter des chauſſons, ou pluſieurs paires de bas.

Pour prévenir cette incommodité, le moyen le plus ſimple & le plus ſûr, eſt de ne jamais chauſſer la jambe avant le pied, c'eſt-à-dire, qu'il faut commencer par tourner les bas à l'envers avant de les mettre, chauſſer le pied d'abord jusqu'à l'extrémité du talon, & relever le surplus du bas sur toute l'étendue de la jambe.

Autrement en chaussant tout simplement le bas à l'endroit, si l'on a des chaussons ou une premiere paire de bas, en mettant la derniére, la premiere se retire vers le genou, de même qu'en mettant un habit, les manches de la chemise remontent vers le coude, si l'on n'a pas l'attention de les retenir; ce qui tient les doigts des pieds dans une gêne continuelle, comprime nécessairement l'ongle & l'oblige à se recoquiller

Un autre moyen de prévenir ces accidens, est d'avoir soin de ne point couper les ongles trop fréquemment, & de ne les point laisser trop grandir, parce qu'outre l'incommodité qu'on ressent des ongles mêmes, les doigts grossissent & les chairs se boursoufflent, ce qui rend le pied difforme.

Il faut avoir l'attention de les

couper de tems à autres, ne point le faire quarrément, de façon que les angles viennent à vous blesser; mais au contraire les couper conformément à la configuration des doigts, c'est-à-dire, en rondeur.

Il faut encore observer de ne point couper l'ongle trop près de la chair, parce qu'indépendamment de la douleur qu'on éprouve pendant quelques jours, la chair peut croître par-dessus l'ongle, & l'envelopper, ce qui défigure le doigt, & peut causer par la suite des douleurs très-sensibles. En un mot, il ne faut point non plus couper de trop près la pellicule qui borde ordinairement la racine de l'ongle; à moins qu'elle ne soit trop grande ou trop épaisse, parce qu'on pourroit quelquefois endommager la racine.

Un moyen plus simple que les précédens, tant pour prévenir l'incommodité des Ongles, que celle des Cors, seroit de faire usage de chauſſons de fil tricottés en forme de gands, ce qui empêcheroit le frottement, & conſéquemment l'irritation des chairs, & ſur-tout l'entrelacement & la difformité des doigts, qui provient du peu de ſoin que les Gouvernantes apportent en chauſſant les enfans. L'Auteur de cet Ouvrage, offre de procurer de ces chauſſons aux perſonnes qui lui en demanderont.

Ces obſervations qui ſont légéres ne laiſſent pas de tirer par la ſuite à conſéquence ſi l'on vient à les négliger, ce qui fait que nombre de perſonnes ont les pieds & les mains abſolument défigurés.

Mais pour prévénir tous les inconvéniens en général, il eſt de la derniere néceſſité d'avoir recours à un homme habile & expérimenté dans cette partie; nous oſons nous flatter d'avoir acquis à cet égard toute l'expérience qui convient pour mériter la confiance de ceux qui nous feront l'honneur de nous employer, & pour nous rendre utile au Public : Si ce Traité eſt reçu favorablement, nous pourrons dans la ſuite en donner d'autres ſur des ſujets analogues à celui-ci.

---

www.ingramcontent.com/pod-product-compliance
Ingram Content Group UK Ltd.
Pitfield, Milton Keynes, MK11 3LW, UK
UKHW032002260826
14628UKWH00005B/2230

9 782014 113723